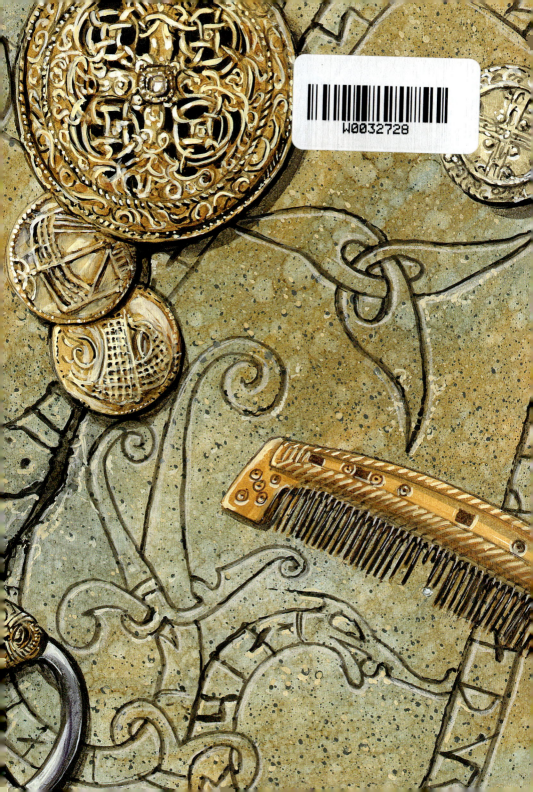

Rainer Crummenerl

Wikinger-Wissen

Illustrationen von Silvia Christoph

Bibliografische Information Der Deutschen Bibliothek
Die Deutsche Bibliothek verzeichnet diese Publikation in der
Deutschen Nationalbibliografie; detaillierte bibliografische Daten
sind im Internet über *http://dnb.ddb.de* abrufbar.

Der Umwelt zuliebe ist dieses Buch
auf chlorfrei gebleichtem Papier gedruckt.

ISBN 3-7855-5574-1 – 1. Auflage 2005
© 2005 Loewe Verlag GmbH, Bindlach
Umschlagillustration: Silvia Christoph
Umschlaggestaltung: Andreas Henze
Gesamtherstellung: sachsendruck GmbH, Plauen
Printed in Germany

www.loewe-verlag.de

Inhalt

Die Wikinger kommen! 9
  ⓘ *Herren der Meere 18*

In letzter Minute 20
  ⓘ *Das Leben der Wikinger 28*

Leif entdeckt Amerika 30
  ⓘ *Entdeckungen 38*

Ein Donnerwetter vom Donnergott 40
  ⓘ *Götterwelt 48*

Ein Geschenk für Abi 50
  ⓘ *Kunst und Kultur 58*

Die Wikinger kommen!

„Was sagst du nun?", fragt Olov, als er das Haus seines Freundes Ingolf betritt.

Ingolf sagt erst mal gar nichts. Ihm hat es die Sprache verschlagen, denn vor ihm steht zwar Olov, aber er sieht aus wie ein Krieger: Auf dem Kopf trägt er eine lederne Kappe, am Gürtel baumelt ein Schwert, und in der rechten Hand hält er einen Speer. „Greif mich an, wenn du dich traust", ruft Olov und versucht, grimmig zu gucken.

Ingolf strahlt. „Dann darfst du also auch mit?"

„Dein Vater hat noch einmal mit meiner Mutter gesprochen. Morgen Früh bin ich dabei."

Am nächsten Tag will Knut, Ingolfs Vater, mit einigen anderen Männern in See stechen. Die letzte Ernte war schlecht. Deshalb hofft er, an fremden Küsten Vorräte und vielleicht auch Gold und Silber zu erbeuten. Damit würden sie den bevorstehenden Winter gut überstehen.

Ingolfs Mutter, die an der Feuerstelle steht, schüttelt den Kopf. Will Olov wirklich seine Mutter und die kleinen Geschwister alleine lassen? Er hat doch gerade erst den Vater verloren! Beunruhigt schaut sie Olov an. „Denk an deine Mutter, sie ist nicht ganz gesund und braucht deine Hilfe. Und du bist doch noch so jung. Wollt ihr beide nicht lieber bis zum nächsten Jahr warten?"

„Aber Mutter", sagt Ingolf, „Olov ist doch schon fast 14! Mach dir keine Sorgen, wir beide kämpfen wie Männer!"

Olov nickt heftig und stößt energisch seinen Speer auf den Fußboden. Warum können sie nicht heute schon aufbrechen?

Am nächsten Morgen gehören Olov und Ingolf zu den Ersten, die an der Anlegestelle sind. Gleich wird es

losgehen! Ihr Schiff ist nicht sehr groß, hat einen hohen Mast in der Mitte und ein breites Segel. An den Bordwänden befinden sich Schilde und Ruder.
Als alle auf dem Schiff sind, legen sie ab. Der Wind weht nur schwach, und sie müssen rudern.

„Kannst du noch?", ruft Ingolf dem Freund einige Zeit später zu. Beide sitzen hintereinander und rudern im Takt mit den anderen. Das Kommando gibt Ingolfs Vater.

Olov nickt, auch wenn seine Handflächen brennen und ihm der Schweiß von der Stirn tropft. Starr schaut er geradeaus, auf den hinteren Teil des Schiffes. Am Bug

prangt der gelbe Schlangenkopf. Vor ein paar Tagen haben sie ihn noch einmal angestrichen. Ob er auch wirklich die bösen Geister von ihnen fern hält?

Olov und Ingolf sind froh, als der anstrengende erste Tag zu Ende geht. Die beiden kriechen in ihre Ledersäcke und sind schnell eingeschlafen.

Als sie am nächsten Morgen aufwachen, ist es noch immer fast windstill. Also muss weitergerudert werden! Olov hat Muskelkater, und seine Hände schmerzen. Auch Ingolf umklammert nur widerwillig das Ruder. Wie erleichtert sind sie, als mittags endlich Wind aufkommt. Knut lässt das rote Segel setzen, und das Schiff gleitet schnell über das Wasser.

In der Nacht kommt ein Sturm auf, und Olov schläft ganz schlecht.

Am nächsten Morgen ist der Himmel bedeckt, und auf den Wellenkämmen schäumt Gischt. Wasser spritzt über die Schilde an der Bordwand. Knut steht am

Mast und lässt das Segel einholen, denn der Wind wird immer stärker. „Männer", schreit er, „an die Ruder!"

Olov fühlt sich unwohl. Ihn fröstelt, und im Magen rumort es. Plötzlich springt er auf und übergibt sich.

„Bist du seekrank?", ruft Ingolf und schaut sich nach dem Freund um. Olov schüttelt tapfer den Kopf. Doch dann beginnt sich alles um ihn zu drehen.

Drei Tage wütet der Sturm, und so lange liegt Olov kraftlos in seinem Ledersack. Er hat zwei Wünsche: Er möchte ganz schnell an Land und will nie, nie wieder auf ein Schiff!

Olovs erster Wunsch geht schon bald in Erfüllung. Es ist mitten in der Nacht, als jemand „Land in Sicht!" ruft. Olov richtet sich auf. Tatsächlich! Häuser und Bäume tauchen aus der Dunkelheit auf. Die Männer greifen nach ihren Waffen und Schilden. Knut zischt den beiden Jungen zu: „Ihr bleibt bei mir!" Knirschend setzt das Schiff in Strandnähe auf.

Im Dorf ist alles ruhig.

Das Dorf schläft noch tief. Nur vor einer Hütte dicht am Wasser sitzt ein Mann. Ob er Wache hält? Erschrocken starrt der Mann auf das fremde Schiff. „Wikinger", schreit er plötzlich und läuft davon, „die Wikinger kommen!"

Im Nu wird es im Dorf lebendig.

Türen fliegen auf, und Menschen rennen schreiend aus ihren Häusern.

Da haben Knut und seine Leute schon das Schiff verlassen. Sie brüllen, fuchteln mit ihren Schwertern und stürmen die nächstgelegenen Häuser. Knut und zwei

seiner Gefährten sind in ein großes Gebäude eingedrungen. Mit seiner Axt öffnet Knut eine Truhe. Olov und Ingolf stehen neben ihm. Sie sehen, wie er sich die Taschen mit Schmuck voll stopft.
„Greift zu, wir müssen gleich wieder weg."

Einer von Knuts Begleitern zieht einen schmalen Vorhang beiseite. In der Ecke liegt eine Frau, die in Felle gewickelt ist. Sie scheint krank zu sein.

Als der Mann sein Schwert hebt, springt

Olov dazwischen: „Nicht, lass sie in Ruhe!" Verblüfft schaut der Mann zu Knut. Aber Knut nickt, und so dreht er sich um und geht. „Milchgesicht", knurrt er verächtlich und wirft Olov einen zornigen Blick zu.

„Und jetzt zurück", befiehlt Knut und verlässt das Haus. Ingolf hat sich noch schnell Pelze und eine prächtige Kette gegriffen.

Am Strand warten schon die anderen. Gemeinsam schieben sie das Schiff in tiefes Wasser. Keinen Augenblick zu früh, denn nun kommen die Leute vom Dorf aus ihrem Versteck zurück. Es sind sehr viele. Sie haben sich Lanzen, Schwerter und Schilde geholt und schießen mit Pfeilen

auf die Wikinger. Einer von Knuts Männern wird an der Schulter getroffen, die Verletzung ist aber nicht sehr schlimm.

„An die Ruder", brüllt Knut, „und los!" Rasch entfernt sich das Schiff vom Ufer.

Stumm vor Wut stehen die Dorfbewohner am Strand. Sie drohen ihnen mit erhobenen Lanzen und Schwertern. Ingolf sieht, wie einige von ihnen ein Boot ins Wasser schieben. „Da haben wir noch einmal Glück gehabt", denkt er und will nur noch weg.

Olov rudert wie noch nie in seinem Leben. Seinen zweiten Wunsch hat er schon längst vergessen. Er ist ja so froh, wieder auf dem Schiff zu sein!

Herren der Meere

Die Wikinger versetzten Westeuropa vom 9. bis 11. Jahrhundert in Angst und Schrecken, denn sie waren gefürchtet als erbarmungslose Piraten. Der Begriff Wikinger bedeutet vermutlich „Männer aus den Buchten". Manche Forscher deuten ihn auch mit „Seeräuber". Unsere Vorfahren nannten sie auch Normannen, die Männer aus dem Norden.

Die Wikinger unternahmen zahlreiche Raubzüge ins Ausland. Der erste schriftlich bezeugte Wikingerüberfall geschah im Jahr 793 im Kloster Lindisfarne im Nordosten Englands. Diese grausame Tat rief überall großes Entsetzen hervor.

Die Wikinger eroberten den größten Teil Irlands und weite Teile Englands. Sie drangen bis nach Frankreich und Spanien vor und beherrschten auch bald Gebiete in Russland, Finnland, dem Baltikum und Sizilien.

Die **Kriegsschiffe** der Wikinger waren lang und schmal. Sie konnten mit hoher Geschwindigkeit gerudert und gesegelt werden. Große Langschiffe waren über 30 Meter lang und boten Platz für 100 Männer. An den Schiffswänden befanden sich bis zu 39 Paar Riemen.

Die Wikingerschiffe hatten einen so geringen Tiefgang, dass sie einfach an Land gezogen werden konnten. Deshalb war es den Wikingern möglich, schnell und überraschend zuzuschlagen. Sie griffen meist in dunklen Nächten an.

Am Bug vieler Kriegsschiffe waren oft **Drachenköpfe** angebracht. Sie sollten Furcht einjagen und böse Geister vertreiben. Die Wikinger nahmen sie aber herunter, wenn sie mit friedlichen Absichten unterwegs waren.

Als **Waffen** benutzten die Wikinger Äxte, Schwerter, Lanzen, Pfeil und Bogen. Mit einem runden Schild konnten sie sich gut verteidigen.

In letzter Minute

„Hurra, jetzt kommt bald der Frühling!" Harald steht vor dem Holzhaus seiner Eltern und blinzelt in die Sonne.

Er ist fast zwölf Jahre alt und lebt in einem winzigen Dorf, das am Ufer eines großen Sees liegt.

An diesem Morgen möchte Harald angeln gehen. Sein Vater ist einverstanden. Nach dem langen Winter werden die Vorräte knapp, und es wird immer schwieriger, die Familie, die Knechte und die Sklaven zu ernähren. Da hilft es schon, wenn ein paar frische Fische auf den Tisch kommen. „Aber sei vorsichtig!"

„Das bin ich doch immer!" Harald ist beleidigt. „Außerdem nehme ich ja Sigurd ..."

„Dieser Taugenichts!", schnaubt sein Vater. Erst im letzten Sommer hat er den Jungen vom Markt mitgebracht, damit er auf dem Hof hilft. Eine Kuh und eine Ziege musste er für ihn hergeben. Das war ein schlechter Tausch! Sigurd hat nämlich zwei linke Hände. Alles, was er anfasst, geht daneben.

Haralds Vater schüttelt wütend den Kopf, dass der struppige Bart wackelt. „Meine schöne Kuh", denkt er, „die Ziege hätte auch gereicht. Ach was, vielleicht werde ich den Jungen im Sommer wieder los!"

Er sieht seinen Sohn streng an.

„Aber lauft nicht übers Eis. Das trägt an manchen Stellen keinen Hund mehr."

Harald nickt, und kurz darauf stapft er mit Sigurd durch den nassen Schnee. Sie wollen zum gegenüberliegenden Seeufer. Dort gibt es den meisten Fisch.

„Lass uns abkürzen und über das Eis gehen", schlägt Harald nach wenigen Minuten vor und bleibt stehen, „es wird schon halten."

Sigurd geht weiter. „Du hast doch gehört, was dein Vater gesagt hat. Keinen Hund trägt es mehr."

Harald weiß, dass Sigurd Recht hat, und läuft ihm seufzend hinterher.

Am frühen Nachmittag erreichen sie ihr Ziel. „Hoffentlich ist das Eisloch noch offen", sagt Sigurd und geht voran, „erst gestern haben ..."

Plötzlich stößt Harald einen Schrei aus. Sofort dreht sich Sigurd um. Harald liegt am Boden. „Mein Fuß", klagt er und betastet seinen Knöchel, „es tut so weh!"

„Was ist denn passiert?" Sigurd hilft ihm wieder hoch.

„Ich weiß nicht, ich bin umgeknickt."
Vorsichtig versucht er aufzutreten. Aber es geht nicht. „Oh nein, was machen wir jetzt?"

„Ich laufe zurück. Dann werden sie dich mit einem Schlitten holen."

„Wenn sie nur schon hier wären." Harald zeigt auf die dunklen Wolken über dem See. „Es wird bestimmt bald wieder schneien!"

Sigurd legt seinen Wollumhang um Haralds Schultern. Plötzlich dringt heiseres Geheul aus dem Wald.

„Wölfe", flüstert Sigurd tonlos, „das sind Wölfe."

Harald erstarrt. „Ob sie uns schon gewittert haben? Wir müssen weg. Sofort!"

Sigurd guckt zum Waldrand. „Schaffst du es bis dorthin?"

„In den Wald?" Harald schüttelt sich. „Zu den Wölfen?"

„Nein, auf einen Baum. Da bist du sicherer als ..."

Abermals heult ein Wolf. Er scheint schon sehr nahe zu sein. Harald springt auf. Den Schmerzensschrei verschluckt er. „Komm! Ich schaffe es schon."

Von Sigurd gestützt, humpelt Harald zum nahen Waldrand. Doch die meisten Bäume sind Kiefern, die am unteren Stamm nur wenig Äste haben. An einer jungen Tanne bleibt Sigurd stehen. „Schnell, zieh dich hoch", entscheidet er und schiebt Harald unter das dichte Dach aus schneebedeckten Zweigen.

Die dünnen Äste biegen sich bedrohlich. „Nimm den über dir." Sigurd zeigt auf einen etwas dickeren Ast.

Langsam zieht sich Harald nach oben. „Der Ast wird bestimmt bald brechen", ruft er verzweifelt und klammert sich an den Baumstamm. „Was soll ich denn bloß machen?"

„Halte dich fest, irgendwie. So hoch springen die nicht."

Wieder heulen die Wölfe. Jetzt bekommt auch Sigurd Angst. Am liebsten würde er zu Harald auf den Baum klettern. Aber wer sollte dann Hilfe holen? „Ich gehe jetzt", sagt er plötzlich und stürzt davon.

„Und beeil dich", ruft ihm Harald hinterher. Dann sieht er, dass Sigurd auf das Eis läuft. Harald kann es nicht fassen. Wenn Sigurd einbricht, ist auch er verloren ... „Komm zurück", schreit er. Aber Sigurd ist bereits im einsetzenden dichten Schneefall verschwunden. Dafür starren Harald zwei hungrige Augen an.

Sie gehören einem großen, klapperdürren Wolf. Da beginnt der Ast, auf dem er steht, zu knacken ...

Als sein Vater Stunden später mit einem Schlitten kommt, steht Harald auf einem abgebrochenen Ende eines Astes und hält den Baumstamm umklammert. Er ist mit seiner Kraft am Ende. Wütend springen mehrere Wölfe zu ihm hoch.
Haralds Vater hat einige Knechte

mitgebracht, die die Wölfe mit Fackeln vertreiben.

„Wie gut", sagt Harald auf dem Heimweg, „dass Sigurd über das Eis gelaufen ist." Er sitzt auf dem Schlitten und ist in Felle eingewickelt.

„Dieser Taugenichts", der Vater schüttelt den Kopf und lächelt in seinen Bart, „nun müssen wir ihn wohl doch behalten."

Das Leben der Wikinger

Die Wikinger waren kein Volk im eigentlichen Sinn. Sie bewohnten als Vorfahren der heutigen Skandinavier die Küstenbereiche Schwedens, Norwegens und Dänemarks.

Die Wikingergesellschaft bestand aus drei Schichten. Es gab einige **Häuptlinge** (1), viele **freie Bauern** (2) und **Handwerker** (3) und rechtlose Leibeigene. Die **Sklaven** (4) wurden entweder in eine Leibeigenenfamilie hineingeboren, oder sie waren auf Raubzügen gefangen genommen worden.

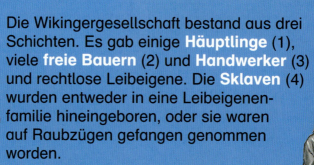

Die meisten Wikinger waren Bauern. Sie lebten auf verstreut liegenden **Höfen**. Ihre Kinder mussten von klein an mitarbeiten. Das Leben war hart, denn Missernten führten oft zu Hungersnöten. Es gab aber auch einige Wikinger, die sich ihren Lebensunterhalt als Händler oder Schiffsbauer verdienten.

Die Söhne der Wikinger trugen meist schon im Alter von 14 Jahren **Waffen**. Es kam nicht selten vor, dass auf den Raubzügen mehr Jungen als erwachsene Männer dabei waren!

In der zweiten Hälfte des 11. Jahrhunderts ging die Wikingerzeit nach ungefähr 300 Jahren zu Ende. Der letzte Wikinger war **König Harald Hardrada**. Er starb mit dem Schwert in der Hand, als er versuchte, die Macht über das angelsächsische Königreich (das heutige England) zurückzugewinnen.

Leif entdeckt Amerika

Traurig schaut Leif ins Tal hinunter. Dort glitzern die vielen kleinen Seen freundlich im Sonnenschein. Trotzdem ist es aber kühl, und der Wind zerrt an Leifs Kleidern. Er will es einfach nicht glauben. Morgen wird er für immer Island verlassen!

Auch Svan und Estrid, Leifs Freunde, schauen ins Tal hinunter.

„Bestimmt ist es dort, wo wir hinfahren, wunderschön", sagt Estrid und lässt ihren langen blonden Zopf im Wind flattern.

Svan nickt. „Leif, hat dein Vater nicht immer von einem grünen Land gesprochen? Sieh dich doch um. Was ist denn hier grün?"

Aber Leif antwortet nicht. Er denkt an seinen Vater. Kann er ihm vertrauen? Erik der Rote nennen sie ihn, nicht nur wegen seines wallenden roten Bartes. Vater ist auch sehr streitsüchtig. Mehr als ein Menschenleben hat er auf dem Gewissen.

Deshalb wurde er vor drei Jahren in ein unbekanntes Land verbannt. Grönland hat er es genannt, Grünes Land. Nun ist er zurückgekehrt, um seine Familie und seine Freunde mitzunehmen.

Ja, Leif glaubt seinem Vater. „Natürlich ist in Grönland alles grüner als hier", sagt er zu Svan und Estrid. „Wir werden es dort bestimmt besser haben."

Die nächsten Tage sind sehr stürmisch, und es regnet in Strömen. Der zwölfjährige Leif klammert sich an der Bordwand fest, denn das Schiff schaukelt stark hin und her. Als das Segel zu zerreißen droht, müssen die Männer rudern. Leif hat Mitleid mit den Rindern und Pferden, die in der Mitte des Schiffs angebunden sind. Sie zittern vor Angst und können sich kaum mehr auf den Beinen halten.

Als endlich gegen Abend der Himmel aufreißt, erblickt Leif eine Kette schneebedeckter Berge. „Grönland", ruft der Vater erleichtert, „wir haben es geschafft."

Leif schüttelt den Kopf. „Und wo ist hier grünes Land?"

Sein Vater zupft zufrieden an seinem roten Bart. „Warte ab, du wirst schon sehen."

Das Schiff gleitet in der Dämmerung durch eine lange, schmale Bucht. „Haltet die Augen offen", befiehlt Erik, „hier treiben Eisberge. Sie schimmern bläulich und können sehr gefährlich werden."

Die Fahrrinne wird immer schmaler und schmaler. Angestrengt starrt Leif hinaus in die Finsternis. Der aufgehende Mond wirft ein fahles Licht auf das schwarze Wasser.

Die Stunden verrinnen. Da sagt Erik plötzlich: „Wir sind zu Hause."

Im Morgenlicht betrachtet Leif seine neue Heimat. Der Fjord liegt still vor ihm. Er sieht Felsen, Schnee und Eis. Aber er kann auch grüne Wiesen erkennen.

„Na, was sagst du nun?", fragt der Vater.
„Ich weiß nicht ...", murmelt Leif.

Erik der Rote klopft ihm auf die Schulter. „Bestimmt findest du irgendwann einmal ein viel schöneres Land."

Leif geht langsam von Bord. Am Ufer lässt er einen flachen Stein über das Wasser springen. „Jetzt fehlen nur noch Svan und Estrid." Doch die beiden sind in einer sehr weit entfernten Bucht gelandet. Dabei hatten sie noch Glück, denn nur 14 der 25 Auswandererschiffe erreichten Grönland. Die anderen wurden im Sturm zerstört oder mussten umkehren.

15 oder 16 Jahre sind seitdem vergangen. Erik der Rote steht unten am Fjord und winkt seinem Sohn. „Kommt gesund zurück." Leif macht sich mit einigen Männern auf den Weg zu einem sagenhaften Land. Bjarni, ein Gefährte des Vaters, hatte es gesichtet, als er 985 von Island nach Grönland wollte. Doch dichter Nebel und Stürme ließen Bjarni weit an der Insel

vorbeitreiben. Irgendwann erhaschte er plötzlich einen Blick auf flaches, bewaldetes Land.

Ob Leif es finden und erstmals betreten würde? Mit geblähtem Segel gleitet sein Schiff über die grauen Wellen. Eisberge treiben vorbei. Über gischtumschäumten Felsklippen kreischen Seevögel.

   Die Tage vergehen. Da sehen sie plötzlich unbekanntes Land. „Schauen wir es uns an", sagt Leif und hält auf die Küste zu. Mit einem Boot rudern sie an Land. Öd und steinig ist es und mit Gletschern bedeckt. „Flachsteinland werde ich es nennen", sagt Leif enttäuscht und segelt weiter.

   Bald nähern sie sich einer anderen Küste. Wald reicht bis dicht an das Ufer heran. „Auch diesem Land werde ich einen Namen geben", sagt Leif. „Waldland soll es heißen."

   Nach weiteren zwei Tagen sichten sie wieder Festland. Leif beschließt, auf einer

vorgelagerten Insel zu landen. Die Männer sind begeistert: Das Land ist fruchtbar, es gibt reichlich Holz, und die Flüsse wimmeln von Fischen!

„Hier sollten wir bleiben", sagt Leif und lässt eine Hütte bauen.

Bis zum Frühjahr erkunden sie die Insel. Dann machen sie ihr Schiff wieder flott und segeln zurück nach Grönland.

Erik der Rote empfängt sie am Fjord. „Willkommen", sagt er und umarmt seinen Sohn. „Hast du fruchtbares Land gefunden?"

Leif nickt. „Vinland habe ich es genannt. Du solltest es einmal sehen!"

Entdeckungen

Nicht alle Wikinger fuhren mit ihren Schiffen über das Meer, um zu plündern. Einige machten sich auch auf, um neues Land zu suchen. Dort wollten sie in Freiheit leben, fern von Grafen und Königen.

Im 9. Jahrhundert kamen die ersten Wikinger auf Island an. Dort bauten sie sich **Häuser aus Torf** und konnten in Frieden leben. Island wurde eine der größten Wikingersiedlungen: Im Jahr 930 waren dort bereits 20 000 Menschen!

Einer der bekanntesten Wikinger war **Erik der Rote**. Nach einem blutigen Streit mit Nachbarn musste er Island verlassen. Auf der Suche nach neuem Land segelte er im Sommer 982 nach Westen. Dabei entdeckte er **Grönland**.

Leif Eriksson, der Sohn von Erik dem Roten, setzte 1001 als erster Europäer seinen Fuß auf den amerikanischen Kontinent. Er nannte das neu entdeckte Land **Vinland**, das heißt übersetzt: Weinland. Heute nennen wir dieses Gebiet **Neufundland**.

Die Wikinger segelten selten direkt über offenes Meer. Meist entfernten sie sich nie weit von den Küsten, die ihnen bekannt waren. Bei Reisen über den Atlantik wies ihnen in klaren Nächten der **Polarstern** den Weg. Tagsüber richteten sie sich nach dem **Sonnenstand**.

Zu den Fahrten nach Island, Grönland und Amerika benutzten die Wikinger die **Knorr**, ein seetüchtiges Lastenschiff. Die größten Handelsschiffe waren mehr als 25 Meter lang und fünf bis sechs Meter breit. Eine Knorr konnte 20 Tonnen Fracht befördern!

Das Leben auf den Wikingerschiffen war nicht sehr angenehm. Die Mannschaft aß Fladenbrot, Stockfisch und geräuchertes Fleisch. Wasser wurde in Lederschläuchen mitgeführt. Die Männer schliefen unter freiem Himmel in großen Säcken aus Fell oder Leder.

Ein Donnerwetter vom Donnergott

„Kommst du endlich?" Holger steht an der Tür und kann es kaum erwarten, an den See zu kommen.

„Ich finde meine Handschuhe nicht", sagt Thora und guckt sich um. Thora ist Holgers jüngere Schwester. Sie sucht immer irgendetwas.

„Hauptsache, du hast deine Schlittschuhe." Holger stößt die Tür auf und will endlich losgehen. Eisige Luft dringt in den Raum.

„Mach zu, aber schnell", schimpft die Mutter und öffnet eine Truhe. „Hier sind deine Handschuhe drin, wie immer. Und nun geht."

Als die beiden das Haus verlassen, ruft sie ihnen noch hinterher: „Und bleibt nicht so lange. Ihr wisst, heute kommen Brodir und Asa. Wir wollen gemeinsam essen."

„Jaja, das wissen wir." Schnell stapfen die Geschwister durch den Schnee.

Am See schnallen sie sich ihre Schlittschuhe unter, die ihr Vater aus Knochen gefertigt hat. Dann gehen sie aufs Eis. Bald entdeckt Holger seine Freunde. „Sieh nur, Einar und Knut!"

„Und da sind Jodis und Thurid", jubelt Thora und läuft über die glatte Eisfläche zu ihren Freunden.

Es ist schon lange dunkel, als Holger und Thora nach Hause kommen. Thora hat ein schlechtes Gewissen. „Wir sind viel zu spät", sagt sie zu ihrem Bruder, „Vater wird schimpfen."

Holger zuckt mit den Schultern. „Na und, der hört auch wieder auf."

Als die beiden in die Stube treten, verliert jedoch niemand ein böses Wort. Das ist ja noch einmal gut gegangen!

„Wir sind beim Nachtisch", sagt die Mutter und füllt zwei Schüsseln mit süßer Grütze. „Vom Fisch ist nichts mehr übrig."

„Onkel Brodir hatte großen Hunger", erklärt der Vater und zwinkert seinem Bruder zu.

Brodir ist groß und breitschultrig und hat einen dichten Bart. Seine blauen Augen lachen, als er sagt: „Dafür werde ich euch nachher eine Geschichte aus der Welt unserer Götter erzählen, möchtet ihr?"

Die Geschwister nicken begeistert, denn Brodir ist ein großer Geschichtenerzähler.

Später sitzen alle um das Feuer.

Die Mutter hat eine Kanne mit Met und Trinkhörner geholt. Gespannt schauen sie auf Brodir, der gleich mit dem Erzählen beginnt:

„Ihr kennt Thor, unseren mächtigen Donnergott. Feuerrot sind seine Haare und sein Bart. Wenn er zornig wird, dann sprühen ihm Funken aus den Augen, und Haar und Bart knistern, als würden sie brennen."

Brodir stochert mit einem Stock in der Glut. Funken stieben auf. Ehrfürchtig betrachten ihn die Kinder.

„Wenn Thor auf Reisen geht", fährt Brodir fort, „spannt er immer Ziegenböcke statt Pferde vor den Wagen. Eines Tages klopfte er bei einem Bauern an, den Blitzhammer in der Faust.

,Gib mir Herberge, Bauer, an Schmaus soll's nicht fehlen!'

Als der Bauer nickte, holte er die Böcke herein und tötete sie mit seinem Hammer. ,Zieht mir die Böcke ab und siedet mir das Fleisch. Aber ich warne euch, keiner darf die Felle zerreißen oder ein Knöchlein zerbrechen!'

Der Bauer und seine Leute machten sich an die Arbeit. Bald dampften mächtige Schüsseln mit Fleisch auf dem Tisch. Alle langten tüchtig zu."

Brodir spuckt auf einen Stein der Feuerstelle, dass es zischt. „Ganz hinten am Tisch aber saßen Thjalfi und Röskwa, die beiden Kinder des Bauern. Niemand beachtete sie. Thjalfi hatte heimlich einen Schenkelknochen aus der Küche geholt.

Mit einem Messer spaltete er ihn, um an das Mark zu kommen. Heimlich schlürften die Geschwister das Fett."

Holger läuft das Wasser im Mund zusammen.

„Am nächsten Morgen ging Thor als Erster in die Küche, wo die Felle und Knochen der Ziegen lagen. Dreimal schwang er seinen Hammer über ihnen. Da wurden die Böcke wieder lebendig, nur einer, Tanngrisnir, zog sein Hinterbein nach.

Thor umklammerte seinen Blitzhammer und donnerte: ‚Wer hat mir das Bein meines Böckleins zerbrochen?'

Thjalfi und Röskwa fielen zitternd auf die Knie und gestanden leise die Tat."

Brodir nimmt einen Schluck Met, wischt sich den Bart und fragt: „Wisst ihr, was nun mit Thjalfi und Röskwa geschah?"

Holger schüttelt den Kopf. Thora flüstert: „Hat Thor sie getötet?"

Brodir schüttelt den Kopf. „Nein, Thor schaute die beiden finster an, aber dann glättete sich sein Gesicht: ‚Ihr seid noch klein und jung an Verstand', brummte er, ‚ich will euch verschonen. Aber Strafe muss sein. Folgt mir also als mein Gesinde – für immer.' Dann sprang er in den Wagen mit den Böcken und raste in die Wolken."

„Und Thjalfi und Röskwa?", fragen Holger und Thora gleichzeitig.

„Die riss ein Wirbelwind hoch in die Lüfte. Jetzt springt Thjalfi, wenn Thor mit seinem Wagen über den Wolken fährt, vor ihm her wie das Wetterleuchten vor dem Gewitter. Röskwa aber muss hinterherlaufen, und wenn die

Gewitterwolken abziehen, blinken ihre Haarspangen noch ein bisschen wie schwache Blitze."

Brodirs Augen glitzern. „Was sagt ihr nun?"

„Thjalfi hat es gut", sagt Holger, „er ist immer vorne."

„Und Röskwa?" Thora ist unzufrieden. „Hinterherlaufen würde mir nicht gefallen. Außerdem hätte ich dann keine Freunde mehr und könnte nie mehr mit Holger aufs Eis gehen!"

„Dann könntet ihr aber auch nie mehr zusammen zu spät kommen", lacht ihr Vater und wirft noch Holz ins Feuer.

„Es war ja auch das letzte Mal", verspricht Thora und guckt ihren Bruder an. Sie glaubt es kaum, auch Holger nickt!

Götterwelt

Das abenteuerliche Leben und die Entdeckungen der Wikinger wurden mündlich überliefert und im 13. Jahrhundert in den nordischen Sagas aufgezeichnet. Saga bedeutet so viel wie sagen und sprechen und kommt aus dem Altnordischen.

Die Wikinger waren bis ins 11. Jahrhundert Heiden. Sie glaubten an viele Götter und stellten sich diese wie eine große Sippe vor, die Feste feierten und Kriege führten. Zu bestimmten Zeiten im Jahr verehrten die Wikinger ihre Götter durch lange Umzüge, Festessen und Tieropferungen.

Der Göttervater war Odin, der Gott des Krieges, der Weisheit und der Dichtkunst. Er ritt auf einem achtfüßigen Pferd und vollbrachte die unglaublichsten Taten.

Wenn die Wikinger in Kämpfe zogen, war Odin stets ihr großes Vorbild. Noch heute erinnert das Wort **Berserker** an diese Kampfesstimmung: Der in ein Bärenfell gehüllte Krieger hatte eine „berserksgangr", eine Bärenwut.

Im 11. Jahrhundert wurden die Wikinger nach und nach zum Christentum bekehrt. Noch heute erinnern in Skandinavien **Stabkirchen** an die christliche Wikingerzeit.

Die Wikinger glaubten an ein Leben nach dem Tod. Deshalb gaben sie ihren Toten Gegenstände des irdischen Lebens wie Werkzeuge, Haushaltgegenstände, Waffen und auch geopferte Tiere mit ins Grab. In norwegischen Hügelgräbern sind sogar komplette Schiffe gefunden worden!

Ein Geschenk für Abi

„Björn ist wieder da!" Diese Nachricht geht wie ein Lauffeuer durch das Dorf. Wer kann, rennt hinunter zum Anleger. Tatsächlich, dort liegt die „Svanen", Björns stolzes Langschiff. Endlich sind alle wieder da, die mit Björn vor einigen Monaten an Bord gegangen waren. Und jeder von ihnen hat wunderschöne Dinge in seinem Gepäck.

Björn geht zu seiner Frau Audhild und seinen drei Töchtern, die vor dem Schiff auf ihn warten.

Björns Familie ist reich und wohnt in einem großen Haus. Und dennoch ist Björn nicht glücklich. Er wünscht sich schon lange einen Sohn, der später einmal den Hof verteidigen kann, wenn er mit der „Svanen" unterwegs ist. Audhild hält ein Baby auf dem Arm. Sie hat ihr viertes Kind auf die Welt gebracht, als Björn auf Beutezug war.

„Und? Wie soll er heißen?" Erwartungsvoll schaut Björn von einem zum anderen. In der Hand hält er einen prächtig verzierten Bogen. Das soll ein Geschenk für seinen Sohn sein.

Abi, seine älteste Tochter, streichelt dem Baby über den Kopf. „Das ist unsere Schwester", sagt sie zu ihrem Vater, „und wir wollen sie Helga nennen."

Björn erstarrt und legt den Bogen ab. Dann schaut er sich das Baby an. „Soso, du bist also Helga." Gedankenverloren schweift sein Blick in die Ferne. Wieder hatte er keinen Sohn bekommen!

Bald darauf beginnen die Vorbereitungen für das Fest. Björn veranstaltet es nach jedem erfolgreichen Beutezug. In der großen Halle kümmern sich viele Frauen um das Festmahl. Das offene Feuer spendet Licht und dient als Herd.
Der Rauch zieht durch ein Loch im Dach direkt nach oben ab. Der Fußboden ist aus festgestampftem Lehm, und an den Wänden hängen Waffen und bunte Teppiche.
   Endlich ist der Tag des Festes da. Nach und nach treffen die Gäste ein. Sie nehmen an dem langen Holztisch Platz. Als Björn mit seiner Familie die Halle betritt, sehen ihn alle Gäste ehrfürchtig an. Björn trägt einen reich bestickten Anzug. Ein Band aus Seide hält das schulterlange Haar zurück. Neben

Björn steht Audhild. Ihr schönes Kleid ist mit Gold- und Silberfäden durchzogen.

Auch Abi und ihre Schwestern haben sich herausgeputzt. Abi trägt ein neues Wollkleid, und ihr langes blondes Haar ist am Hinterkopf geknotet. Sie sitzt gegenüber von Einar, der mit Björn auf dem Schiff gewesen war. Er kann den Blick nicht von ihr wenden, denn sie gefällt ihm sehr.

Björn begrüßt die Gäste und bedankt sich bei seinen Männern für ihren Mut. Dann gibt er ein Zeichen, und das Festmahl beginnt. Mägde tragen eine Fischsuppe und Brote aus Weizenmehl auf. Später bringen sie gerösteten Speck und gebratene Vögel in silbernen Schüsseln. Abi sieht, wie ihre Schwester Einars Becher immer wieder mit Met füllt. So lustig hat sie den Jungen noch nie gesehen. Ob er es morgen auch noch ist? Am nächsten Tag versammeln sich die Gäste auf einer Wiese. Es gehört zu jedem Fest, dass sich die Männer am Tag nach der Feier im Bogenschießen und im Steinstoßen messen.

Einar fühlt sich elend, und sein Gesicht ist blass. Krampfhaft hält er den Bogen in der Hand und starrt den Baum an. An einem Ast hängt ein toter Vogel, den Einar mit dem Pfeil treffen muss.

Neben ihm steht Björn und feuert ihn an. Er mag Einar sehr und hätte es gern,

wenn Abi und er später einmal heiraten würden.

Einar zielt sorgfältig. Aber der Pfeil verfehlt den Vogel. Dabei gilt Einar als ein sicherer Bogenschütze!

Erst Einars dritter Versuch gelingt. Damit ist er genauso schlecht wie die anderen, die nach ihm an die Reihe kommen.

„Möchte noch jemand?", fragt Björn die Zuschauer.

„Ja, ich", sagt Abi und nimmt ihrem erstaunten Vater Pfeil und Bogen aus der Hand.

Geschickt legt das Mädchen den Pfeil ein, zieht die Sehne zurück und zielt.

Dann lässt sie los. Der Pfeil schwirrt ab und bleibt im Gefieder des Vogels stecken!

Die Zuschauer murmeln, und Herdis – Abis Schwester – jubelt laut.

„Zufall", grummelt Einar und wird noch ein wenig blasser.

Und wieder zielt Abi und schießt. Auch dieser Pfeil trifft ins Ziel! Viele der Zuschauer sehen sie bewundernd an.

Außer ihren Schwestern weiß nämlich niemand, dass Abi seit Helgas Geburt täglich mit dem Bogen geübt hat.
So lange, bis sie fast kein Ziel mehr verfehlt hat.

„Vielleicht stößt du ja auch den Stein weiter als ich", murmelt Einar und wendet sich verlegen ab. Ein Mädchen ist besser als er! Das kann doch gar nicht sein!

„Nein", erwidert Abi, „diesen Sieg schenke ich dir."

Björn sagt gar nichts und verlässt den Platz. Als er wiederkommt, hat er den prächtig verzierten Bogen in der Hand.

„Der ist jetzt für dich, du hast ihn dir wirklich verdient", sagt er zu Abi und umarmt seine Tochter. „Jedenfalls, bis ..., na ja, du weißt schon."

Kunst und Kultur

Die Wikingerzeit war eine Blütezeit für Kunst und Handwerk. Ein meisterhafter Schmied und ein guter Dichter genossen bei den Wikingern gleich hohes Ansehen.

Viele ihrer Gebrauchsgegenstände verzierten die Wikinger mit Tiermotiven. Besonders berühmt sind die **Holzschnitzereien** von Oseberg. Dort fanden Forscher in einem Schiffsgrab reichlich verzierte Wagen, Schlitten und Betten.

Die Wikinger benutzten eine besondere Schrift. Sie heißt **Runenschrift**, weil man die Schriftzeichen für die einzelnen Buchstaben Runen nennt. Es gab über 20 verschiedene Zeichen. Sie wurden in Holz, Knochen oder Metall geritzt oder in Stein eingemeißelt.

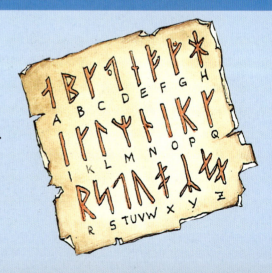

Noch heute sind eine Fülle von Runeninschriften auf Grabstätten und **Gedenksteinen** erhalten. Sie geben Forschern Einblick in das Leben der Wikinger.

Die Wikinger feierten gern Feste. Jedes Jahr gab es drei öffentliche Hauptfeste: Im Herbst fand das Erntedankfest statt, am 21. Dezember wurde der **Winteranfang** (Wintersonnenwende) und am 21. Juni die Mittsommernacht (Sommersonnenwende oder Fruchtbarkeitsfest) gefeiert.

Wikinger liebten **Würfel- und Brettspiele** wie Dame und Mühle. Außerdem übten sie sich gern im Stein- und Speerwerfen, im Bogenschießen und in Schwertkämpfen. Im Winter liefen sie mit aus Knochen gefertigten Schlittschuhen über das Eis. Sie hatten aber auch schon Skier und Schlitten, um schneller vorwärts zu kommen.

Rainer Crummenerl wurde 1942 in Falkenberg/Elster geboren. Er machte eine Ausbildung zum Journalisten und arbeitete bei verschiedenen Zeitungen. Irgendwann hat er angefangen, die Streiche und Erlebnisse seiner beiden Kinder in Geschichten zu verarbeiten.
Das machte ihm so viel Spaß, dass er noch heute vor allem für Kinder schreibt. Rainer Crummenerl lebt als freier Autor in der Nähe von Leipzig.

Silvia Christoph, Jahrgang 1950, studierte Grafik-Design und arbeitet seit mehr als 20 Jahren als freie Illustratorin. Heute schreibt und illustriert sie Kinderbücher und ist für zahlreiche Verlage tätig. Sie ist außerdem Musikerin, spielte in verschiedenen Bands und arbeitete als Studiosängerin für Disney-Produktionen.

Leselöwen wissen mehr!

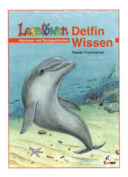

ⓘ Wie schnell läuft das schnellste Pferd der Welt?
ⓘ Welche Erfolge erzielte Diego Maradona während seiner Karriere?
ⓘ Mit welchen Waffen wurde während der Ritterzeit gekämpft?
ⓘ Und warum gehören Delfine nicht zu den Fischen?

www.loewe-verlag.de